AF175452

Impressum
Verlag: BABADADA GmbH, Nedderfeld 112 , 22529 Hamburg
Geschäftsführer / Verlagsleitung: Harald Hof
Druck: Books on Demand GmbH, In de Tarpen 42, 22848 Norderstedt

Imprint
Publisher: BABADADA GmbH, Nedderfeld 112 , 22529 Hamburg, Germany
Managing Director / Publishing direction: Harald Hof
Print: Books on Demand GmbH, In de Tarpen 42, 22848 Norderstedt, Germany

das Klassenzimmer
klasa

dividieren
pjesëtim

186/2

die Tafel
tabela

der Schulhof
oborr shkolle

der Lehrer
mësues

das Papier
letër

schreiben
shkruaj

der Stift
stilolaps

der Schreibtisch
tavolinë

das Lineal
vizore

das Buch
libri

die Schüler
nxënës

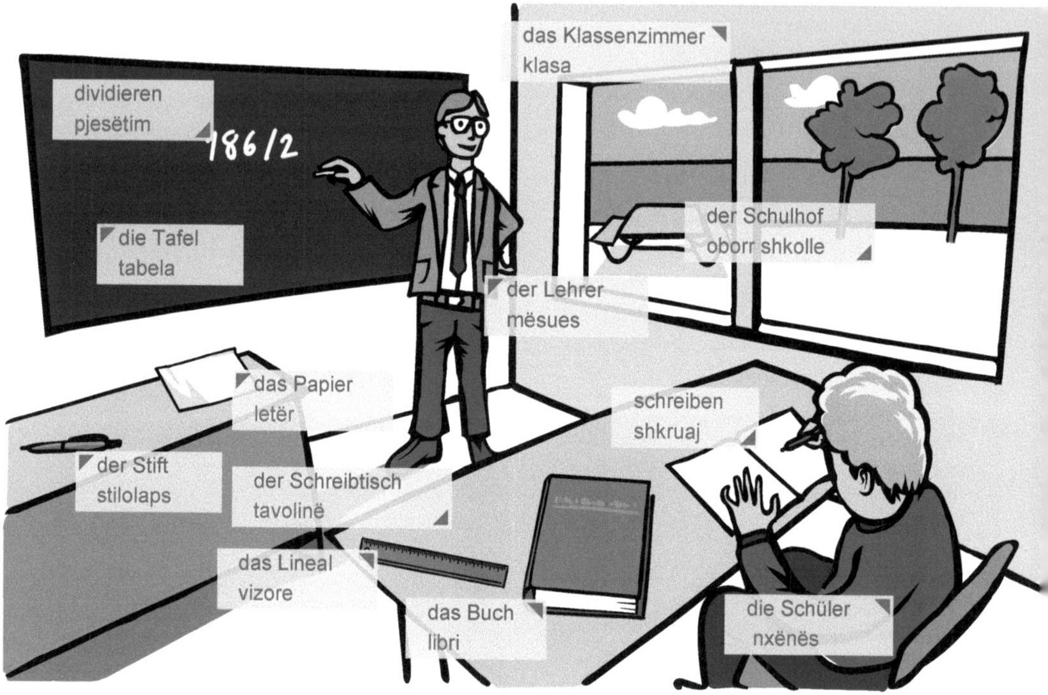

der Ranzen

çantë

die Federmappe

mbajtëse lapsash

der Bleistift

laps

der Bleistiftanspitzer

mprehës lapsash

das Radiergummi

gomë

der Zeichenblock

fletore vizatimi

die Zeichnung

vizatim

der Pinsel

penel

der Malkasten

kuti bojërash

die Schere

gërshërë

der Klebstoff

ngjitës

das Übungsheft

fletore detyrash

die Hausaufgabe

detyrë shtëpie

die Zahl

numër

addieren

mbledh

subtrahieren

zbres

multiplizieren

shumëzoj

rechnen

llogaris

der Buchstabe

gërmë

das Alphabet

alfabeti

das Wort

fjalë

der Text

tekst

lesen

lexoj

die Kreide

shkumës

die Stunde

mësim

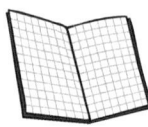

das Klassenbuch

regjistër

die Prüfung

provim

das Zeugnis

çertifikatë

die Schuluniform

uniformë shkolle

die Ausbildung

arsimim

das Lexikon

enciklopedia

die Universität

universitet

das Mikroskop

mikroskop

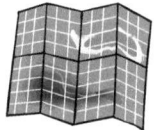

die Karte

hartë

der Papierkorb

kosh letrash

udhëtim

Grand
das Hotel
hotel
die Herberge
bujtinë
ROOMS
EXCHANGE
die Wechselstube
pikë këmbimi valutor
der Koffer
valixhe
das Auto
makinë

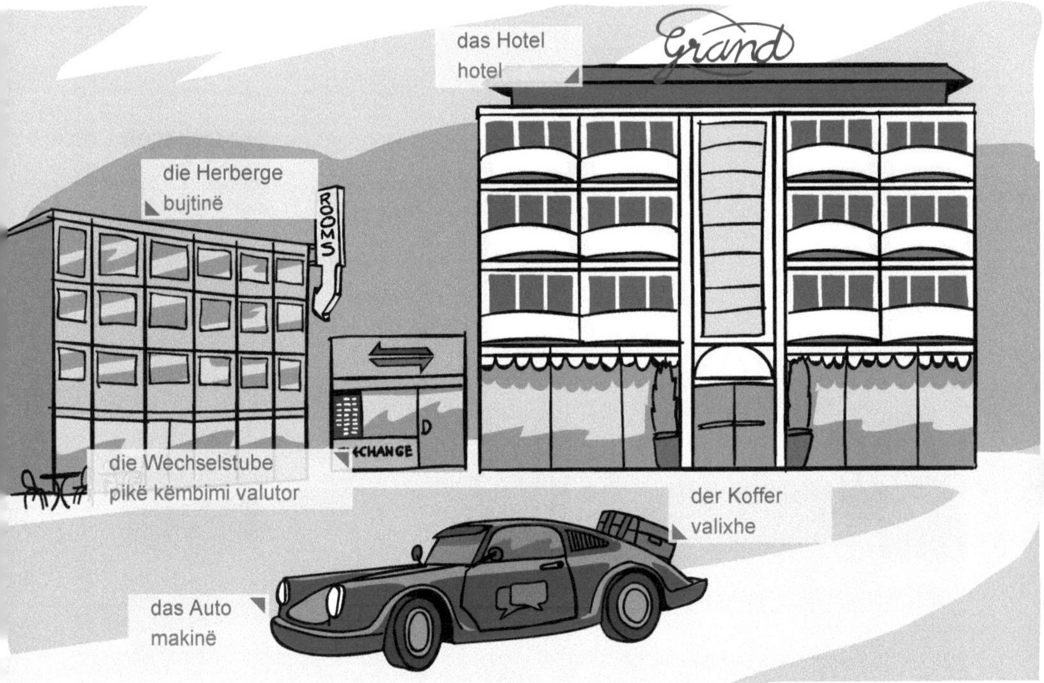

die Sprache
....
gjuhë

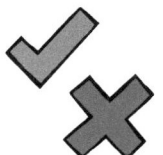

ja / nein
....
po / jo

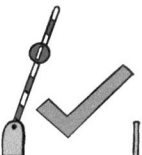

Okay
....
Në rregull

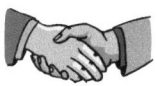

Hallo
....
ç'kemi

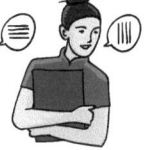

der Übersetzer
....
përkthyes

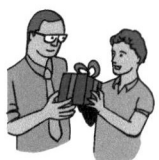

Danke
....
Faleminderit

Was kostet…?

sa kushton…?

Ich verstehe nicht

nuk e kuptoj

das Problem

problem

Guten Abend!

Mirëmbrëma!

Guten Morgen!

Mirëmëngjes!

Gute Nacht!

Natën e mirë!

Auf Wiedersehen

mirupafshim

die Richtung

drejtim

das Gepäck

bagazhet

die Tasche

çantë

der Rucksack

çantë shpine

der Gast

mysafir

das Zimmer

dhomë

der Schlafsack

thes gjumi

das Zelt

tendë

die Touristeninformation

informacion për turistët

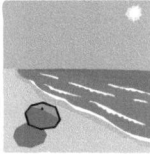

der Strand

plazh

die Kreditkarte

kartë krediti

das Frühstück

mëngjes

das Mittagessen

drekë

das Abendessen

darkë

die Fahrkarte

Biletë

der Fahrstuhl

ashensor

die Briefmarke

pulla

die Grenze

kufi

der Zoll

doganë

die Botschaft

ambasadë

das Visum

vizë

der Pass

pasaportë

transport

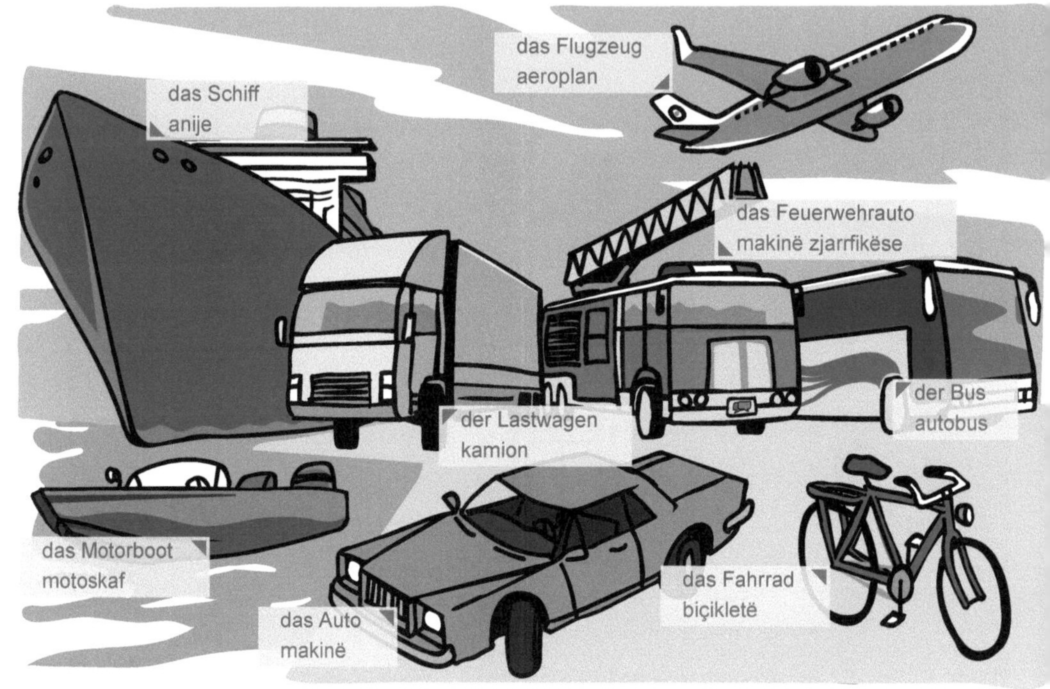
das Flugzeug
aeroplan
das Schiff
anije
das Feuerwehrauto
makinë zjarrfikëse
der Bus
autobus
der Lastwagen
kamion
das Motorboot
motoskaf
das Fahrrad
biçikletë
das Auto
makinë

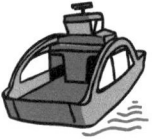

die Fähre

traget

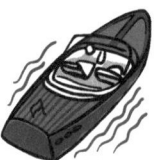

das Boot

varkë

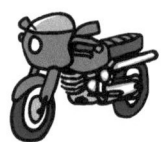

das Motorrad

motoçikletë

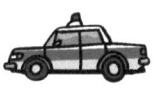

das Polizeiauto

makinë policie

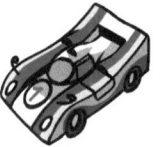

das Rennauto

makinë garash

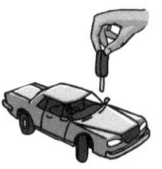

der Mietwagen

makinë me qira

das Carsharing

ndarje e qirasë së makinës

der Abschleppwagen

karroatrec

das Müllauto

makinë plehrash

der Motor

motor

der Kraftstoff

benzinë

die Tankstelle

pikë karburanti

das Verkehrsschild

sinjalistikë trafiku

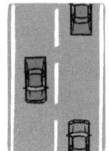

der Verkehr

trafik

der Stau

bllokim trafiku

der Parkplatz

parkim makinash

der Bahnhof

stacion treni

die Schienen

trase

der Zug

tren

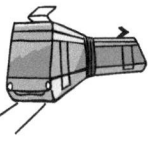

die Straßenbahn

tramvaj

der Wagon

karro

der Helikopter
helikopter

der Flughafen
aeroport

der Tower
kullë

der Passagier
pasagjer

der Container
kontenier

der Karton
kuti kartoni

der Karren
qerre

der Korb
shportë

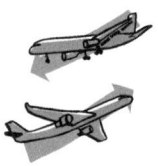

starten / landen
ngrihem / ulem

qytet

das Dorf
fshat

das Stadtzentrum
qendra e qytetit

das Haus
shtëpi

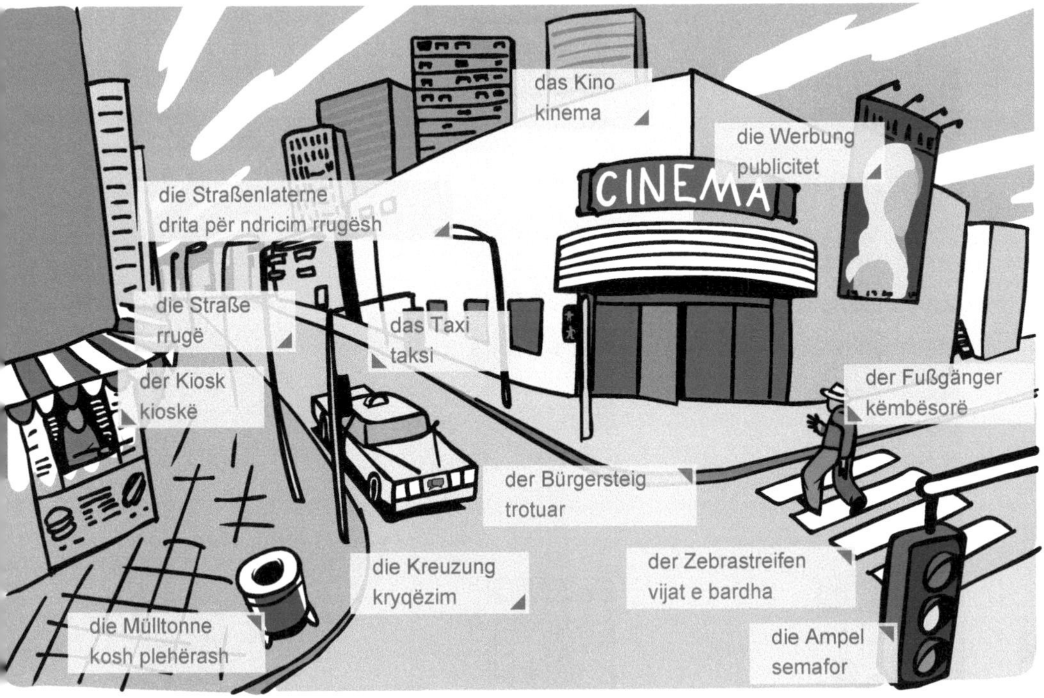
das Kino
kinema
die Werbung
publicitet
die Straßenlaterne
drita për ndricim rrugësh
CINEMA
die Straße
rrugë
das Taxi
taksi
der Kiosk
kioskë
der Fußgänger
këmbësorë
der Bürgersteig
trotuar
die Kreuzung
kryqëzim
der Zebrastreifen
vijat e bardha
die Mülltonne
kosh plehërash
die Ampel
semafor

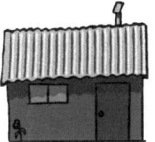

die Hütte

kasolle

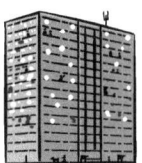

die Wohnung

apartament

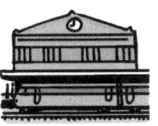

der Bahnhof

stacion treni

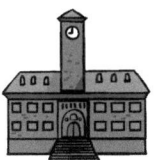

das Rathaus

bashki

MUSEUM

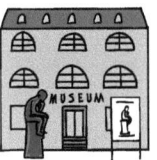

das Museum

muze

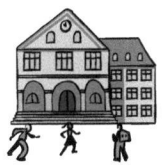

die Schule

shkolla

die Universität
universitet

die Bank
bankë

das Krankenhaus
spital

das Hotel
hotel

die Apotheke
farmaci

das Büro
zyrë

die Buchhandlung
librari

das Geschäft
dyqan

der Blumenladen
dyqan lulesh

der Supermarkt
supermarket

der Markt
market

das Kaufhaus
mapo

der Fischhändler
dyqan peshku

das Einkaufszentrum
qëndër tregtare

der Hafen
port

der Park

park

die Bank

stol

die Brücke

urë

die Treppe

shkallë

die U-Bahn

metro

der Tunnel

tunel

die Bushaltestelle

stacion autobuzi

die Bar

bar

das Restaurant

restorant

der Briefkasten

kuti postare

das Straßenschild

sinjalistikë rrugore

die Parkuhr

kohëmatës parkimi

der Zoo

kopsht zoologjik

die Badeanstalt

pishinë

die Moschee

xhami

die Stadt - qytet

der Bauernhof
fermë

die Umweltverschmutzung
ndotje

der Friedhof
varrezë

die Kirche
kishë

der Spielplatz
shesh lojërash

der Tempel
tempull

peisazh

das Blatt
gjethe

der Wegweiser
tabela orientuese

der Weg
rrugë

die Wiese
livadh

der Stein
gurë

der Baur
pemë

der Wanderer
ekskursionist

der Fluss
lumë

das Gras
bar

die Blume
lule

das Tal

luginë

der Berg

kodër

der See

liqen

der Wald

pyll

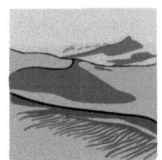

die Wüste

shkretëtirë

der Vulkan

vullkan

das Schloss

kështjellë

der Regenbogen

ylber

der Pilz

kepudhë

die Palme

palmë

der Moskito

mushkonjë

die Fliege

mizë

die Ameise

milingonë

die Biene

bletë

die Spinne

merimangë

der Käfer

brumbull

der Frosch

bretkosë

das Eichhörnchen

ketër

der Igel

iriq

der Hase

lepur

die Eule

buf

die Vogel

zog

der Schwan

mjellmë

das Wildschwein

derr i egër

der Hirsch

dre

der Elch

dre brilopatë

der Staudamm

digë

das Windrad

turbinë ere

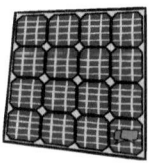

das Solarmodul

panel diellor

das Klima

klimë

der Kellner
kamarier

die Speisekarte
menu

der Stuhl
karrige

die Suppe
supë

die Pizza
pica

die Tischdecke
mbulesë tavoline

das Besteck
set ngrënieje

die Vorspeise
pjatë e parë

das Hauptgericht
pjatë kryesore

die Nachspeise
ëmbëlsirë

die Getränke
pije

das Essen
ushqim

die Flasche
shishe

das Fastfood

ushqim i shpejtë

das Streetfood

ushqim i shërbyer në rrugë

die Teekanne

ibrik çaji

die Zuckerdose

kuti sheqeri

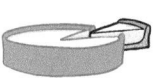

die Portion

racion

die Espressomaschine

makinë kafeje ekspres

der Hochstuhl

karrige e lartë

die Rechnung

faturë

das Tablett

tabaka

das Messer

thika

die Gabel

pirun

der Löffel

lugë

der Teelöffel

lugë çaji

die Serviette

pecetë

das Glas

gotë

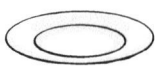

der Teller
pjatë

der Suppenteller
pjatë supe

die Untertasse
pjatë filxhani

die Sauce
salcë

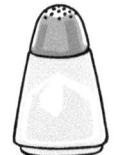

der Salzstreuer
mbajtëse kripe

die Pfeffermühle
mulli piperi

der Essig
uthull

das Öl
vaj

die Gewürze
erëza

das Ketchup
keçap

der Senf
mustardë

die Mayonnaise
majonezë

supermarket

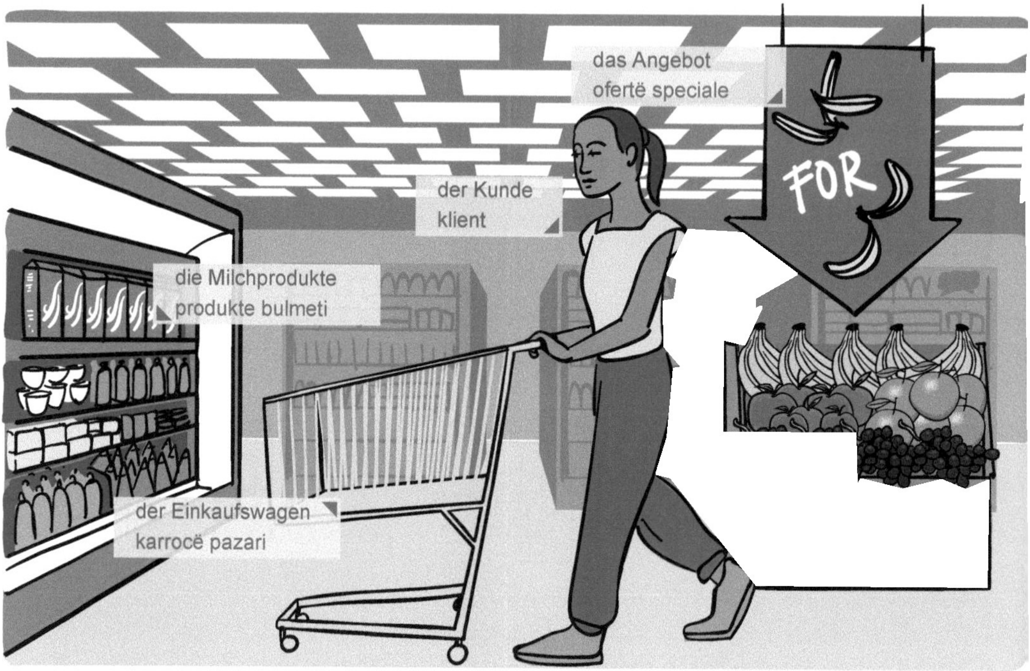

das Angebot
ofertë speciale
FOR
der Kunde
klient
die Milchprodukte
produkte bulmeti
der Einkaufswagen
karrocë pazari

BUTCHERS

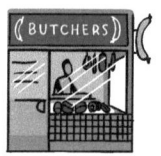

die Schlachterei
....
dyqan mishi

BAKERY

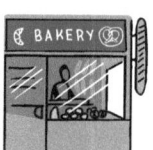

die Bäckerei
....
furrë buke

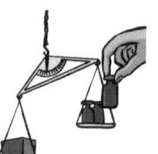

wiegen
....
peshoj

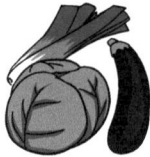

das Gemüse
....
perime

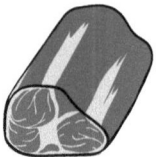

das Fleisch
....
mish

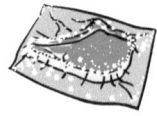

die Tiefkühlkost
....
ushqim i ngrirë

der Aufschnitt

copë

die Konserven

ushqim i konservuar

das Waschmittel

pluhur larës

die Süßigkeiten

ëmbëlsirat

die Haushaltsartikel

prodhime shtëpie

das Reinigungsmittel

produkte pastrimi

die Verkäuferin

shitëse

die Kasse

kasë fiskale

der Kassierer

arkëtar

die Einkaufsliste

listë blerjeje

die Öffnungszeiten

oraret e punës

die Brieftasche

portofol

die Kreditkarte

kartë krediti

die Tasche

çantë

die Plastiktüte

qese plastike

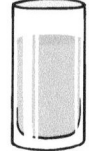

das Wasser

ujë

der Saft

lëng frutash

die Milch

qumësht

die Cola

koka-kola

der Wein

verë

das Bier

birrë

der Alkohol

alkool

der Kakao

kakao

der Tee

çaj

der Kaffee

kafe

der Espresso

kafe ekspres

der Cappuccino

kapuçino

die Banane

banane

der Apfel

mollë

die Orange

portokalle

die Melone

pjepër

die Zitrone

limon

die Karotte

karrotë

der Knoblauch

hudhër

der Bambus

bambu

die Zwiebel

qepë

der Pilz

kërpudha

die Nüsse

arra

die Nudeln

makarona

die Spaghetti

spageti

der Reis

oriz

der Salat

sallatë

die Pommes frites

patate të skuqura

die Bratkartoffeln

patate të skuqura

die Pizza

pica

der Hamburger

hamburger

das Sandwich

sanduiç

das Schnitzel

shnicel

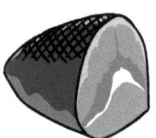

der Schinken

proshutë

die Salami

sallam

die Wurst

salçiçe

das Huhn

pulë

der Braten

skuq

der Fisch

peshk

die Haferflocken

tërshërë

das Müsli

drithëra

die Cornflakes

kornfleiks

das Mehl

miell

das Croissant

kruasant

das Brötchen

panine

das Brot

bukë

der Toast

tost

die Kekse

biskotë

die Butter

gjalp

der Quark

gjizë

der Kuchen

tortë

das Ei

vezë

das Spiegelei

vezë sy

der Käse

djathë

die Eiscreme

akullore

der Zucker

sheqer

der Honig

mjaltë

die Marmelade

marmaladë

die Nougat-Creme

çokokrem

das Curry

këri

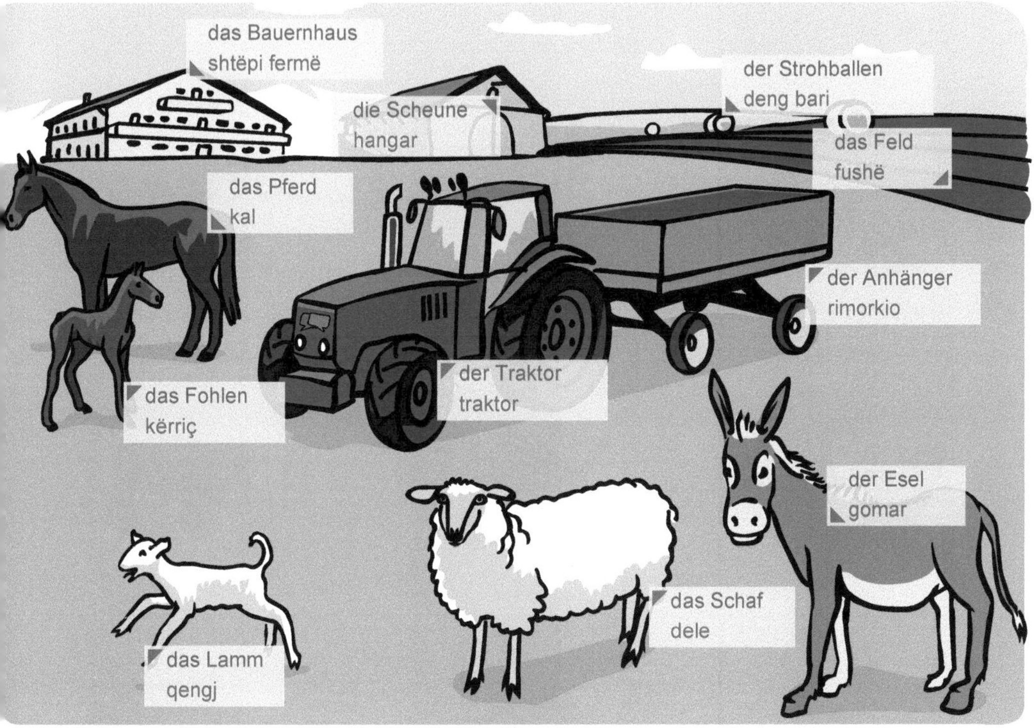

das Bauernhaus
shtëpi fermë

die Scheune
hangar

der Strohballen
deng bari

das Feld
fushë

das Pferd
kal

der Anhänger
rimorkio

das Fohlen
kërriç

der Traktor
traktor

der Esel
gomar

das Schaf
dele

das Lamm
qengj

die Ziege

dhi

die Kuh

lopë

das Kalb

viç

das Schwein

derr

das Ferkel

derrkuc

der Bulle

dem

die Gans

patë

die Ente

rosë

das Küken

zog pule

das Huhn

pulë

der Hahn

gjel

die Ratte

mi

die Katze

mace

die Maus

mi

der Ochse

buall

der Hund

qen

die Hundehütte

kolibe qeni

der Gartenschlauch

zorrë vaditëse

die Gießkanne

vaditëse

die Sense

kosë

der Pflug

plug

die Sichel

drapër

die Hacke

shat

die Mistgabel

kosa

die Axt

sëpatë

die Schubkarre

karrocë

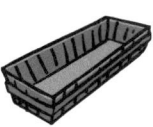

der Trog

govatë

die Milchkanne

bidon qumështi

der Sack

thes

der Zaun

gardh

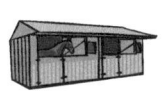

der Stall

ahur

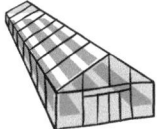

das Treibhaus

serë

der Boden

dhe

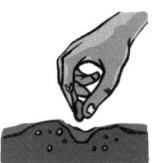

die Saat

farë

der Dünger

pleh

der Mähdrescher

autokombanjë

ernten

korr

die Ernte

te korrat

die Yamswurzel

patate e ëmbël "Yam"

der Weizen

grurë

das Soja

soja

die Kartoffel

patate

der Mais

misër

der Raps

raps

der Obstbaum

pemë frutore

der Maniok

zhardhok manioku

das Getreide

drithëra

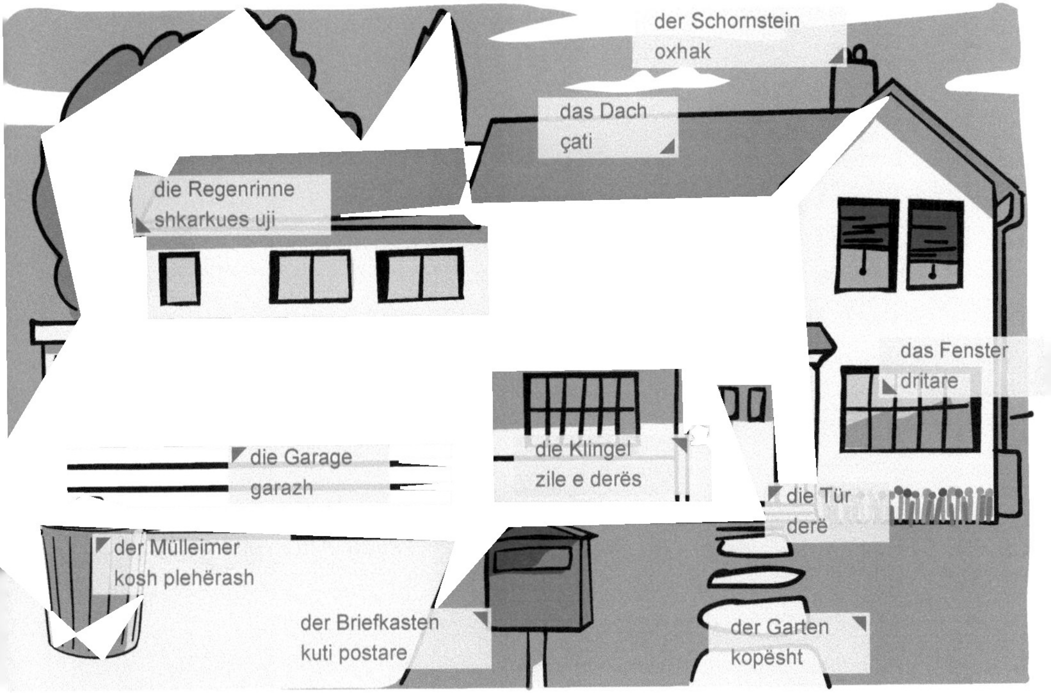

der Schornstein
oxhak

das Dach
çati

die Regenrinne
shkarkues uji

das Fenster
dritare

die Garage
garazh

die Klingel
zile e derës

die Tür
derë

der Mülleimer
kosh plehërash

der Briefkasten
kuti postare

der Garten
kopësht

das Wohnzimmer

dhomë ndenjeje

das Badezimmer

tualet

die Küche

kuzhinë

das Schlafzimmer

dhomë gjumi

das Kinderzimmer

dhomë fëmijësh

das Esszimmer

dhomë ngrënieje

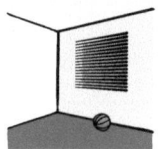

der Boden

dysheme

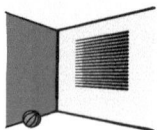

die Wand

mur

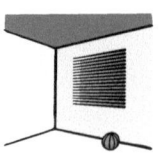

die Decke

tavan

der Keller

bodrum

die Sauna

sauna

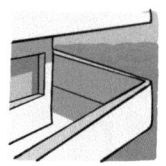

der Balkon

ballkon

die Terrasse

tarracë

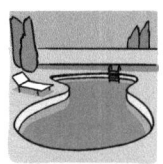

das Schwimmbad

pishinë

der Rasenmäher

kositëse bari

der Bettbezug

çarçaf

die Bettdecke

kuvertë

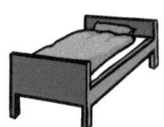

das Bett

krevat

der Besen

fshesë dore

der Eimer

kovë

der Schalter

çelës

dhomë ndenjeje

die Tapete
tapiceri
das Bild
fotografi
die Lampe
llambë
das Regal
raft
der Schrank
dollap
der Fernseher
pajisje televizive
die Blume
lule
das Kissen
jastëk
das Sofa
divan
die Vase
vazo
die Fernbedienung
telekomandë

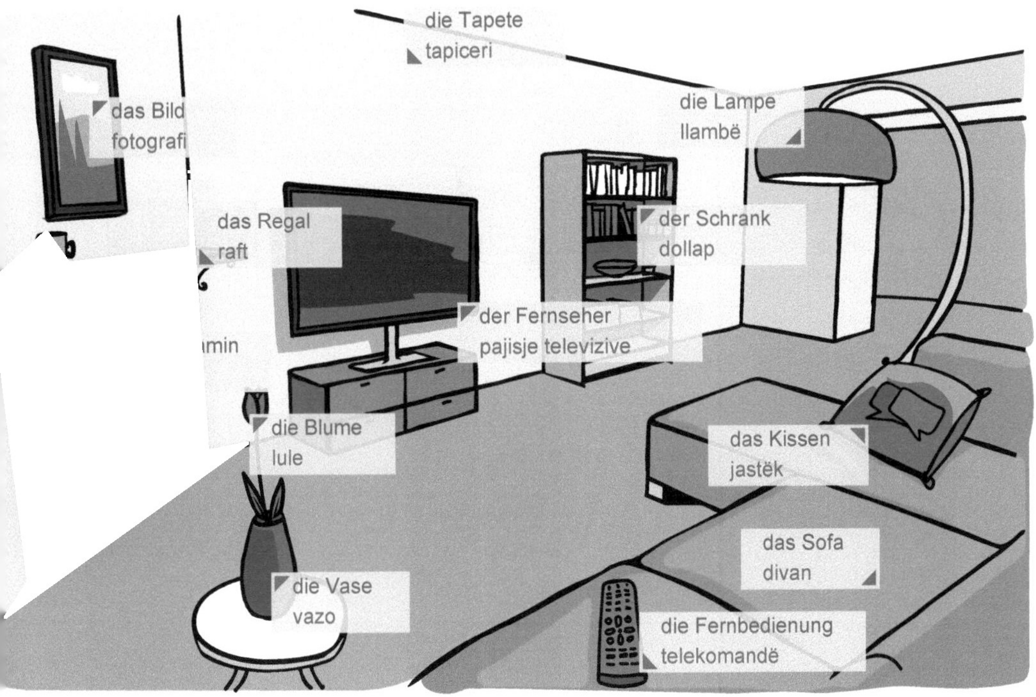

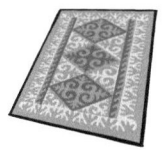

der Teppich

qilim

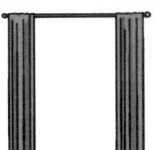

der Vorhang

perde

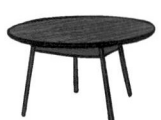

der Tisch

tavolinë

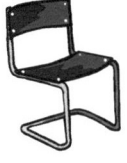

der Stuhl

karrige

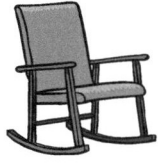

der Schaukelstuhl

karrige lëkundëse

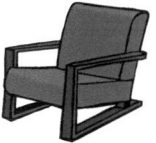

der Sessel

kolltuk

das Buch

libri

die Decke

batanije

die Dekoration

zbukurime

das Feuerholz

dru zjarri

der Film

film

die Stereoanlage

stereo

der Schlüssel

çelës

die Zeitung

gazetë

das Gemälde

pikturë

das Poster

afishe

das Radio

radio

der Notizblock

bllok shënimesh

der Staubsauger

fshesë me korent

der Kaktus

kaktus

die Kerze

qiri

der Kühlschrank
frigorifer

die Mikrowelle
mikrovalë

die Küchenwaage
peshore kuzhine

der Toaster
toster

das Reinigungsmittel
detergjent

der Backofen
furrë

das Gefrierfach
ngrirës

der Mülleimer
kosh plehërash

der Geschirrspüler
lavastovilje

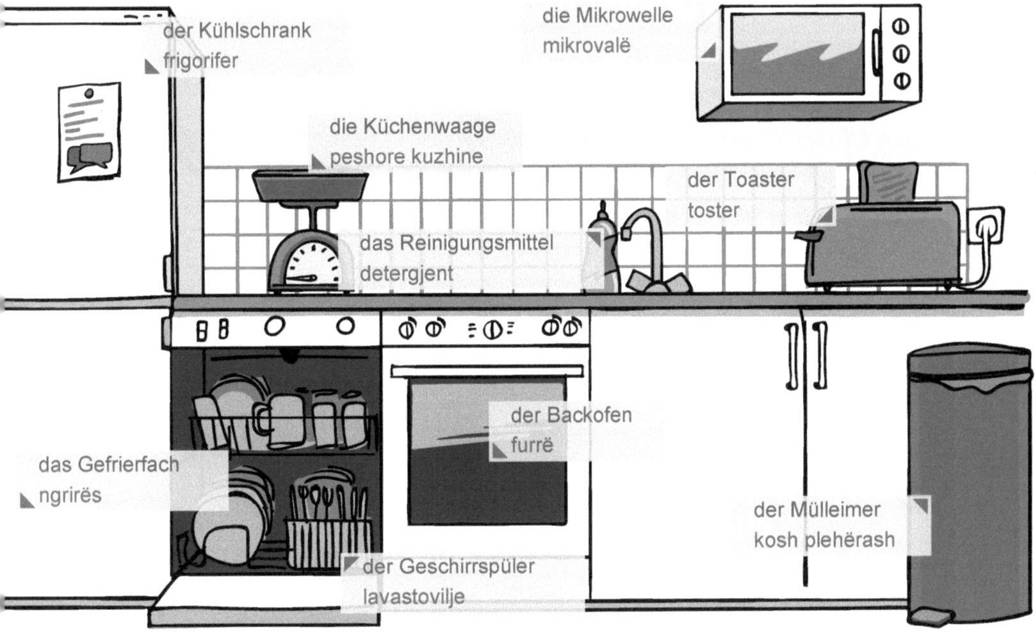

der Herd
....
sobë

der Topf
....
tenxhere

der Eisentopf
....
tenxhere me kapak

der Wok / Kadai
....
tigan special (Wok)

die Pfanne
....
tigan

der Wasserkocher
....
çajnik

der Dampfgarer

tenxhere me avull

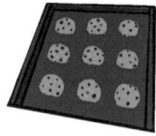

das Backblech

tavë pjekjeje

das Geschirr

enë

der Becher

filxhan

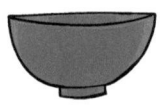

die Schale

tas

die Essstäbchen

shkopinj

die Suppenkelle

garuzhde

der Pfannenwender

spatul

der Schneebesen

tel kuzhine

das Kochsieb

kulluese

das Sieb

sitë

die Reibe

rende

der Mörser

havan

der Grill

skarë

die Feuerstelle

zjarr

die Küche - kuzhinë

das Schneidebrett

dërrasë për prerje

das Nudelholz

okllai

der Korkenzieher

heqëse tapash

die Dose

kanaçe

der Dosenöffner

hapëse kanaçeje

der Topflappen

rrobë për të kapur
tenxheren

das Waschbecken

lavaman

die Bürste

furçë

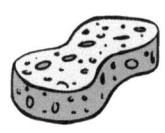

der Schwamm

sfungjer

der Mixer

përzjerës

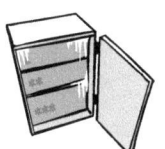

die Gefriertruhe

ngrirës

die Babyflasche

biberon për lëngje

der Wasserhahn

rubinet

die Dusche
dush

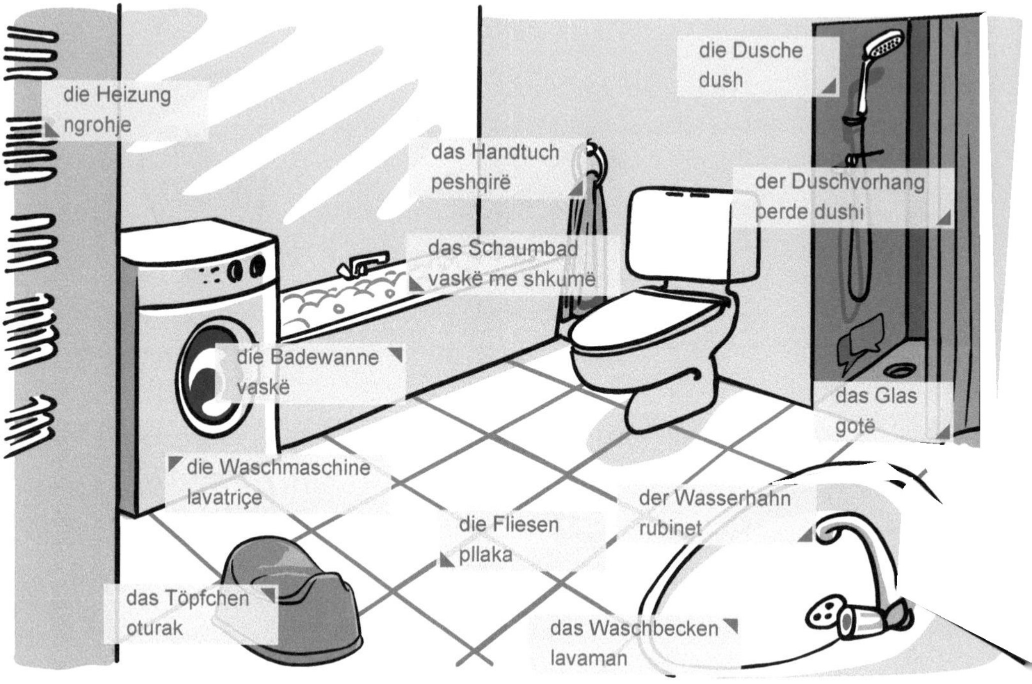

die Heizung
ngrohje

das Handtuch
peshqirë

der Duschvorhang
perde dushi

das Schaumbad
vaskë me shkumë

die Badewanne
vaskë

das Glas
gotë

die Waschmaschine
lavatriçe

der Wasserhahn
rubinet

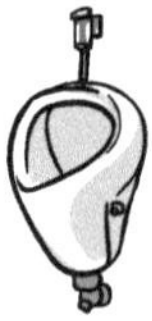

die Fliesen
pllaka

das Töpfchen
oturak

das Waschbecken
lavaman

die Toilette	die Hocktoilette	das Bidet
tualet	WC e sheshtë	bide
das Pissoir	das Toilettenpapier	die Toilettenbürste
tualet publik	letër higjienike	furçe për WC

die Zahnbürste

furçë dhëmbësh

die Zahnpasta

pastë dhëmbësh

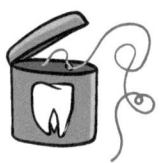

die Zahnseide

fije dentare

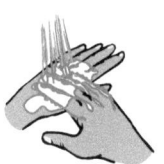

waschen

laj

die Handbrause

dorezë dushi

die Intimdusche

larës për zonën intime

die Waschschüssel

legen

die Rückenbürste

furçë për masazh shpine

die Seife

sapun

das Duschgel

shampo trupi

das Shampoo

shampo

der Waschlappen

leckë pastruese

der Abfluss

kullues

die Creme

krem

das Deodorant

antidjersë

das Badezimmer - tualet

der Spiegel

pasqyrë

der Kosmetikspiegel

pasqyrë dore

der Rasierer

brisk rroje

der Rasierschaum

shkumë rroje

das Rasierwasser

locion pas rrojes

der Kamm

krehër

die Bürste

furçë

der Föhn

tharëse flokësh

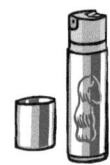

das Haarspray

llak për flokët

das Makeup

grim

der Lippenstift

buzëkuq

der Nagellack

manikyr

die Watte

mbushje pambuku

die Nagelschere

gërshërë për thonj

das Parfum

parfum

das Badezimmer - tualet

der Kulturbeutel

çantë për sendet personale

der Hocker

Stol

die Waage

peshore

der Bademantel

robëdëshambër

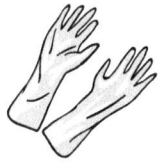

die Gummihandschuhe

dorashka gome

das Tampon

tampon

die Damenbinde

peceta higjienike

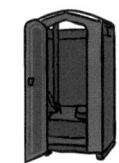

die Chemietoilette

tualet I lëvizshëm

dhomë fëmijësh

der Wecker
orë me zile
das Kuscheltier
lodra me pellushë
das Spielzeugauto
makinë lodër
die Rassel
rraketake
das Puppenhaus
shtëpi kukullash
das Geschenk
dhuratë

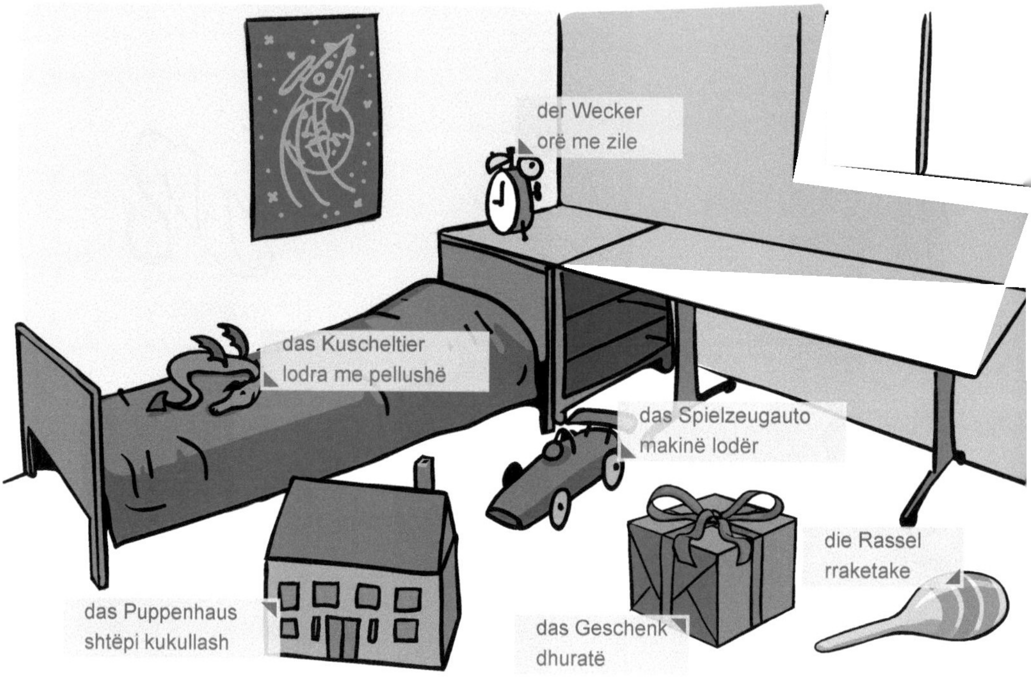

der Ballon

tollumbace

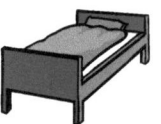

das Bett

krevat

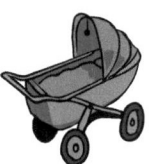

der Kinderwagen

karrocë fëmijësh

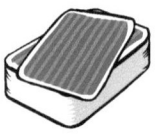

das Kartenspiel

lojë me letra

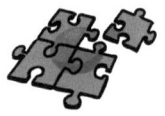

das Puzzle

bashkim pjesësh me figura

SUPER MEGA

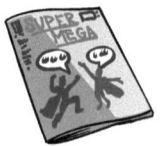

der Comic

komik

die Legosteine

formuese lodër

die Bausteine

kuba plastikë

die Action Figur

lodra

der Strampelanzug

badi

das Frisbee

frizbi

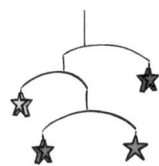

das Mobile

lodra të varura tek krevati i fëmijëve

das Brettspiel

tavolinë lojërash

der Würfel

zare

die Modelleisenbahn

model treni

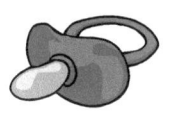

der Schnuller

biberon

die Party

festë

das Bilderbuch

libër me ilustrime

der Ball

top

die Puppe

kukull

spielen

luaj

der Sandkasten

grumbull rëre

die Schaukel

kolovarëse

das Spielzeug

lodra

die Spielkonsole

leva për lojra video

das Dreirad

triçikël

der Teddy

arush prej pellushi

der Kleiderschrank

garderobë

veshje

die Socken

çorape

die Strümpfe

çorape të gjata

die Strumpfhose

geta

der Schal
shall

der Gürtel
rrip

der Regenschirm
çadër

das T-Shirt
bluzë pa jakë

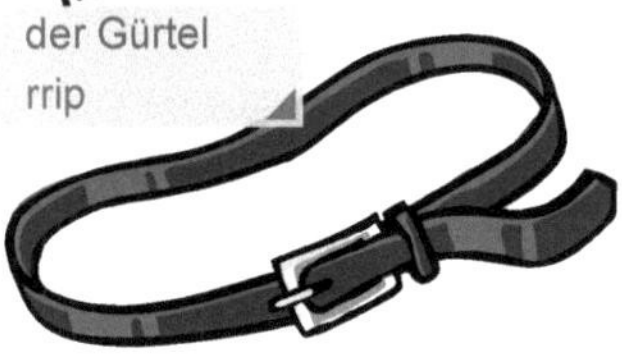

die Turnschuhe
atlete

der Stiefel
çizme

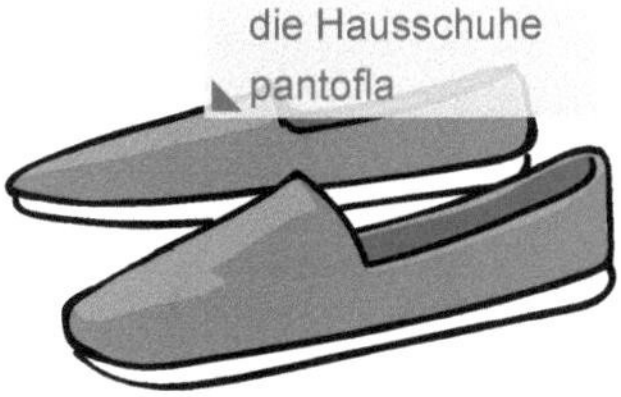

die Hausschuhe
pantofla

die Sandalen
....
sandale

die Schuhe
....
këpucë

die Gummistiefel
....
çizme llastiku

die Unterhose
....
të mbathura

der Büstenhalter
....
reçipeta

das Unterhemd
....
kanotierë

die Kleidung - veshje

45

der Body

trup

die Hose

pantallona

die Jeans

xhinse

der Rock

fund

die Bluse

bluzë

das Hemd

këmishë

der Pullover

pulovër

der Kapuzenpullover

triko

der Blazer

xhaketë

die Jacke

xhaketë

der Mantel

pallto

der Regenmantel

mushama shiu

das Kostüm

kostum

das Kleid

fustan

das Hochzeitskleid

fustan nusërie

der Anzug
kostum

das Nachthemd
këmishë nate

der Schlafanzug
pizhama

der Sari
sari (veshje tradicionale indiane)

das Kopftuch
shami koke

der Turban
çallmë

die Burka
veshje për femrat e besimit musliman

der Kaftan
kaftan (lloj veshjeje tradicionale)

die Abaya
ferexhe

der Badeanzug
kostum banje

die Badehose
rroba banje

die kurze Hose
pantallona të shkurtra

der Trainingsanzug
tuta sporti

die Schürze
përparëse

die Handschuhe
dorashka

der Knopf

kopsë

die Brille

syze

das Armband

byzylyk

die Halskette

gjerdan

der Ring

unazë

der Ohrring

vath

die Mütze

kapuç

der Kleiderbügel

varëse për pallto

der Hut

kapele

die Krawatte

kravatë

der Reißverschluss

zinxhir

der Helm

helmetë

der Hosenträger

tiranda

die Schuluniform

uniformë shkolle

die Uniform

uniformë

das Lätzchen
gushore

der Schnuller
biberon

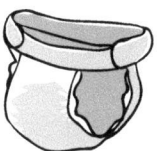

die Windel
pelenë

der Server
server

der Aktenschrank
skedar

das Papier
letër

der Drucker
printer

der Monitor
ekran

die Maus
maus

die Tastatur
tastierë

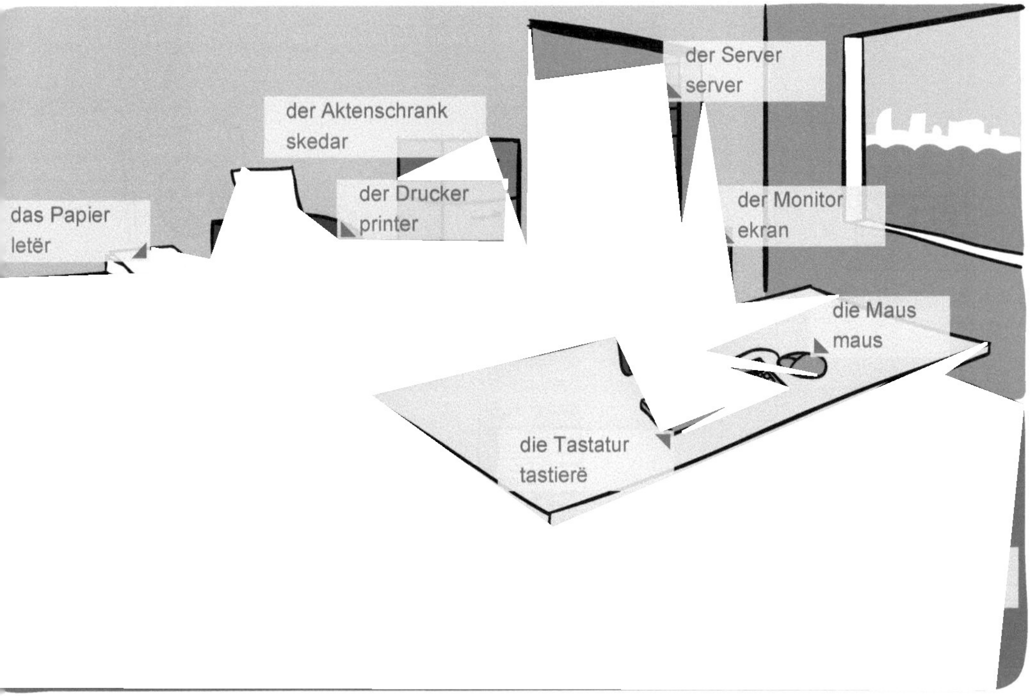

der Kaffeebecher
filxhan kafeje

der Taschenrechner
makinë llogaritëse

das Internet
internet

der Laptop

kompjuter portativ

der Brief

letër

die Nachricht

mesazh

das Handy

telefon

das Netzwerk

rrjet

der Kopierer

fotokopje

die Software

program

das Telefon

telefon

die Steckdose

prizë

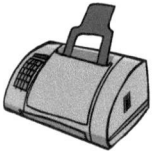

das Fax

pajisje faksi

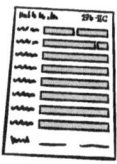

das Formular

formular

das Dokument

dokument

kaufen

blej

bezahlen

paguaj

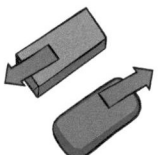

handeln

tregtoj

das Geld

para

 **USD**

der Dollar

dollar

 **EUR**

der Euro

euro

 **JPY**

der Yen

jen

RUB

der Rubel

rubla

CHF

der Franken

franga zvicerane

CNY

der Renminbi Yuan

juani kinez

INR

die Rupie

rupje

der Geldautomat

bankomat

die Wechselstube

pikë këmbimi valutor

das Gold

ar

das Silber

argjend

das Öl

nafta

die Energie

energji

der Preis

çmim

der Vertrag

kontratë

die Steuer

taksë

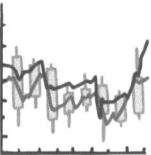

die Aktie

aksione

arbeiten

punoj

der Angestellte

punonjës

der Arbeitgeber

punëdhënës

die Fabrik

fabrikë

das Geschäft

dyqan

profesionet

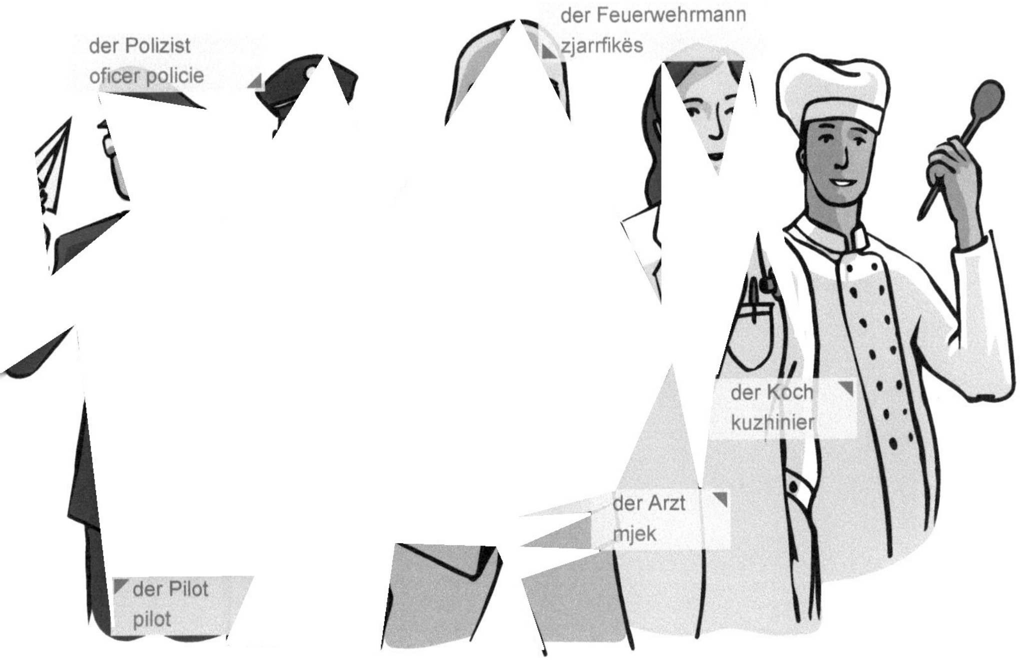
der Polizist
oficer policie
der Feuerwehrmann
zjarrfikës
der Koch
kuzhinier
der Arzt
mjek
der Pilot
pilot

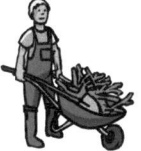

der Gärtner
....
kopshtar

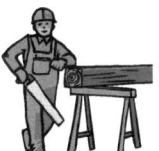

der Tischler
....
marangoz

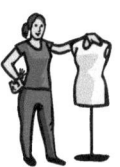

die Näherin
....
rrobaqepëse

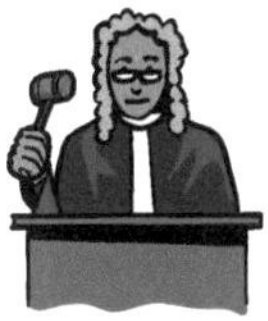

der Richter
....
gjykatës

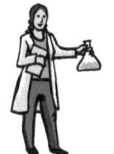

der Chemiker
....
kimist

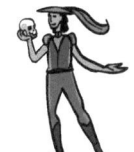

der Schauspieler
....
aktor

der Busfahrer

shofer autobuzi

der Taxifahrer

taksist

der Fischer

peshkatar

die Putzfrau

pastruese

der Dachdecker

riparues çatish

der Kellner

kamarier

der Jäger

gjuetar

der Maler

piktor

der Bäcker

furrxhi

der Elektriker

elektriçist

der Bauarbeiter

ndërtues

der Ingenieur

inxhinier

der Schlachter

kasap

der Klempner

hidraulik

der Postbote

postieri

der Soldat

ushtar

der Architekt

arkitekt

der Kassierer

arkëtar

der Florist

luleshitës

der Friseur

berber

der Schaffner

kontrollor

der Mechaniker

mekanik

der Kapitän

kapiten

der Zahnarzt

dentist

der Wissenschaftler

shkencëtar

der Rabbi

rabin

der Imam

imam

der Mönch

murg

der Geistliche

klerik

der Hammer
çekiç

die Zange
pinca

der Schraubendreher
kaçavidë

der Schraubenschlüssel
çelës mekanik

die Taschenlamp
elektrik dore

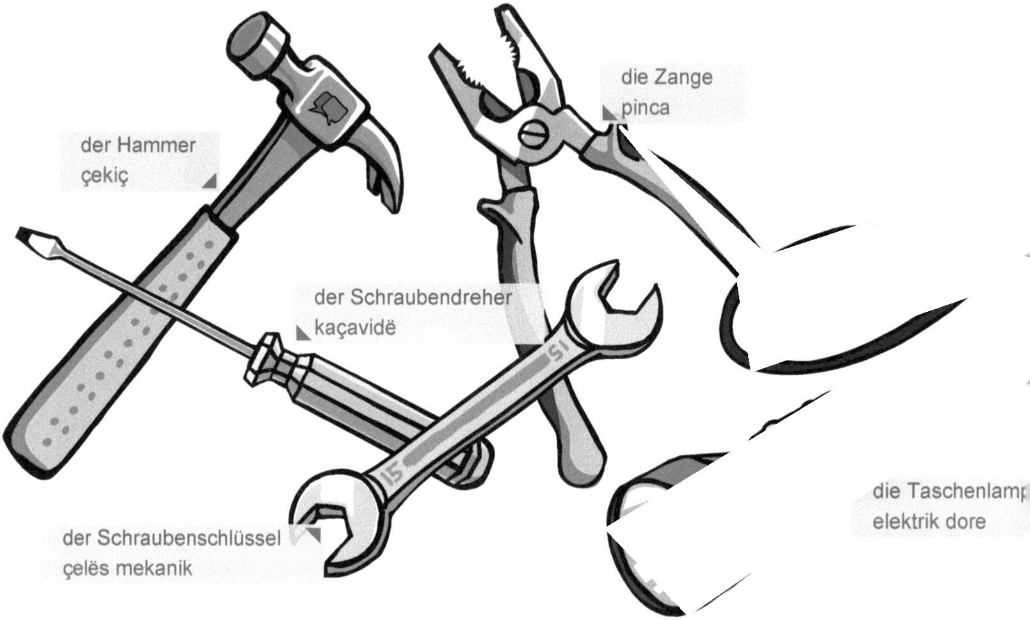

der Bagger
ekskavator

der Werkzeugkasten
kuti veglash

die Leiter
shkallë

die Säge
sharrë

die Nägel
gozhdë

der Bohrer
trapan

reparieren
riparoj

die Schaufel
lopatë

Mist!
Dreq!

das Kehrblech
kaci

der Farbtopf
kuti boje

die Schrauben
vidhë

instrumenta muzikorë

der Lautsprecher
altoparlant

das Schlagzeug
bateri

die Gitarre
kitare

der Kontrabass
kontrabas

die Trompete
trompë

das Klavier

piano

die Violine

violinë

der Bass

bas

die Pauke

tamburë

die Trommeln

daulle

das Keyboard

tastierë pianoje

das Saxophon

saksofon

die Flöte

flaut

das Mikrofon

mikrofon

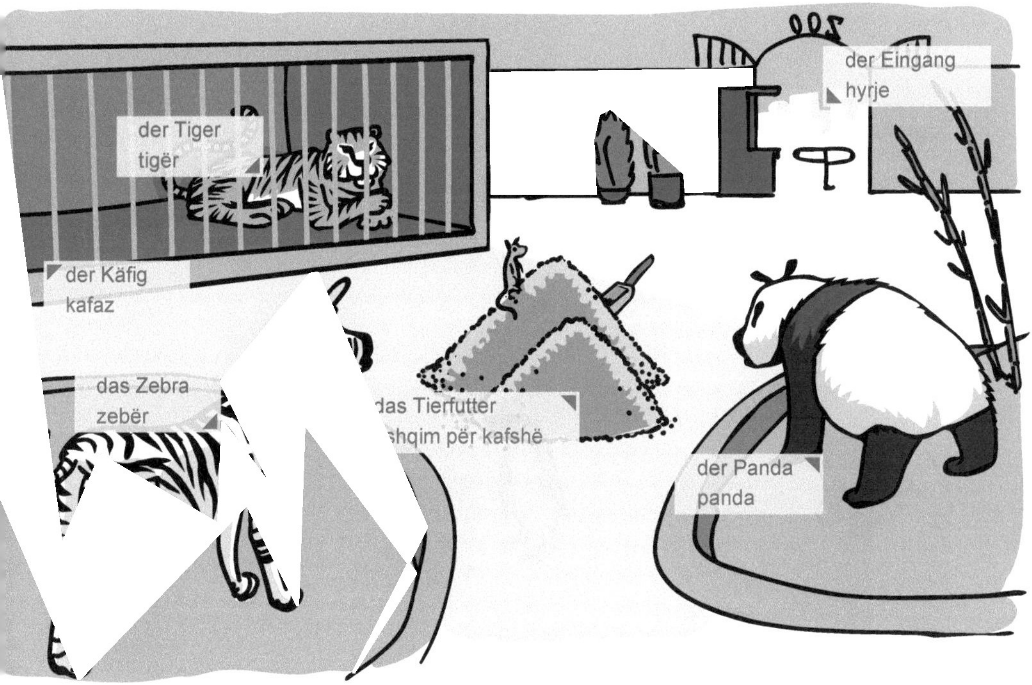

der Eingang
hyrje

der Tiger
tigër

der Käfig
kafaz

das Zebra
zebër

das Tierfutter
shqim për kafshë

der Panda
panda

die Tiere
kafshë

der Elefant
elefant

das Känguruh
kangur

das Nashorn
rinoceront

der Gorilla
gorillë

der Bär
ari

das Kamel

deve

der Strauß

struc

der Löwe

luan

der Affe

majmun

der Flamingo

flamingo

der Papagei

papagall

der Eisbär

ari polar

der Pinguin

pinguin

der Hai

peshkaqen

der Pfau

pallua

die Schlange

gjarpër

das Krokodil

krokodil

der Zoowärter

punonjës i kopshtit zoologjik

die Robbe

fokë

der Jaguar

xhaguar

das Pony

poni

der Leopard

leopard

das Nilpferd

hipopotam

die Giraffe

gjirafë

der Adler

shqiponjë

das Wildschwein

derr i egër

der Fisch

peshk

die Schildkröte

breshkë

das Walross

lopë deti

der Fuchs

dhelpër

die Gazelle

gazelë

das American Football
futboll amerikan

das Radfahren
çiklizëm

das Tennis
tenis

der Basketball
basketboll

das Schwimmen
not

das Boxen
boks

das Eishockey
hokej mbi akull

der Fußball

futboll

das Badminton

badminton

die Leichtathletik

atletikë

der Handball

hendboll

das Skilaufen

ski

das Polo

polo

springen
hidhem

umarmen
përqafoj

lachen
qesh

gehen
eci

singen
këndoj

beten
lutem

küssen
puth

träumen
ëndërroj

schreiben

shkruaj

zeichnen

vizatoj

zeigen

tregoj

drücken

shtyj

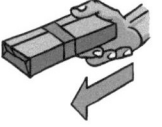

geben

jap

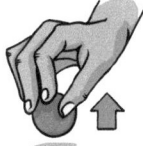

nehmen

marr

haben

kam

tun

bëj

sein

jam

stehen

qëndroj

laufen

vrapoj

ziehen

tërheq

werfen

hedh

fallen

bie

liegen

shtrihem

warten

pres

tragen

mbaj

sitzen

ulem

anziehen

vishem

schlafen

fle

aufwachen

zgjohem

ansehen

shikoj

weinen

qaj

streicheln

përkëdhel

kämmen

kreh

reden

bisedoj

verstehen

kuptoj

fragen

kërkoj

hören

dëgjoj

trinken

pi

essen

ha

aufräumen

sistemoj

lieben

dashuroj

kochen

gatuaj

fahren

drejtoj makinën

fliegen

fluturoj

segeln
lundroj

rechnen
llogaris

lesen
lexoj

lernen
mësoj

arbeiten
punoj

heiraten
martohem

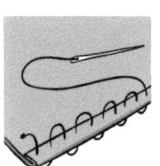

nähen
qep

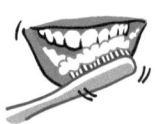

Zähne putzen
laj dhëmbët

töten
vras

rauchen
tymos

senden
dërgoj

die Großmutter
gjyshe

der Großvater
gjysh

der Vater
baba

die Mutter
nënë

das Baby
bebe

die Tochter
vajzë

der Sohn
djalë

der Gast

mysafir

die Tante

teze, hallë

der Onkel

dajë, xhaxha

der Bruder

vëlla

die Schwester

motër

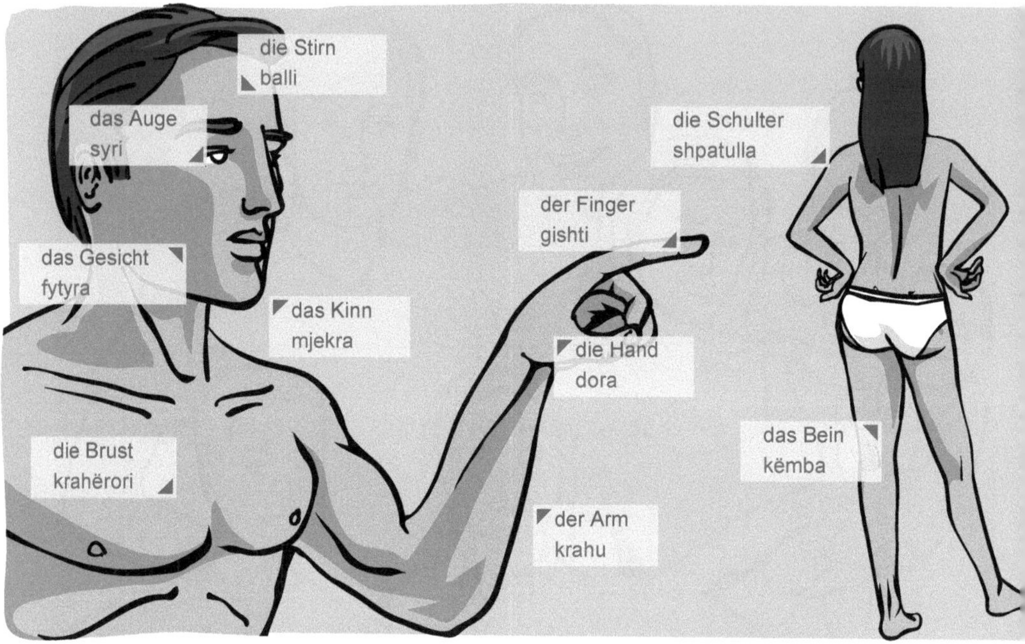

die Stirn
balli

das Auge
syri

die Schulter
shpatulla

der Finger
gishti

das Gesicht
fytyra

das Kinn
mjekra

die Hand
dora

die Brust
krahërori

das Bein
këmba

der Arm
krahu

das Baby

bebe

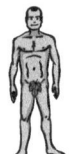

der Mann

burrë

die Frau

grua

das Mädchen

vajzë

der Junge

djalë

der Kopf

koka

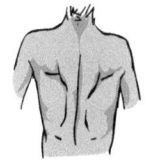

der Rücken
shpina

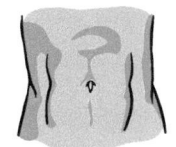

der Bauch
barku

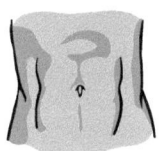

der Nabel
kërthiza

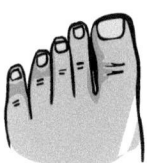

der Zeh
gisht këmbe

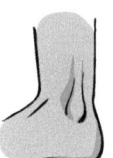

die Ferse
Thembra

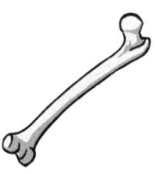

der Knochen
kockë

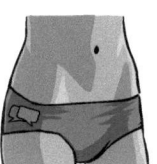

die Hüfte
legeni

das Knie
gjuri

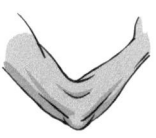

der Ellenbogen
bërryli

die Nase
hunda

das Gesäß
vithe

die Haut
lëkura

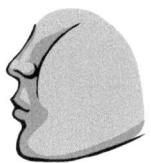

die Wange
faqja

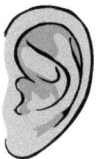

das Ohr
veshi

die Lippe
buza

der Mund

goja

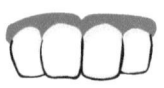

der Zahn

dhëmbët

die Zunge

gjuha

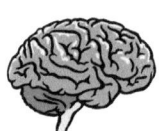

das Gehirn

truri

das Herz

zemra

der Muskel

muskul

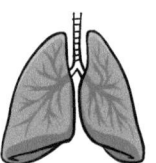

die Lunge

mushkëria

die Leber

mëlçia

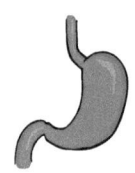

der Magen

stomaku

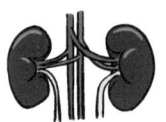

die Nieren

veshka

der Geschlechtsverkehr

seks

das Kondom

prezervativ

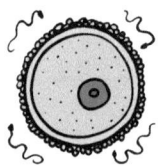

die Eizelle

veza

das Sperma

sperma

die Schwangerschaft

shtatëzani

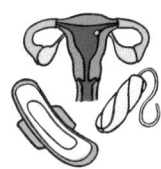

die Menstruation

menstruacione

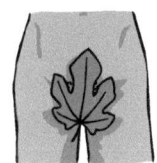

die Vagina

vagina

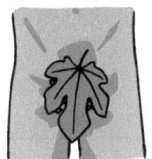

der Penis

penis

die Augenbraue

vetulla

das Haar

flokët

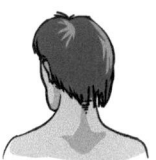

der Hals

qafa

das Krankenhaus
spital

der Bruch
thyerje

der Arzt

mjek

die Notaufnahme

sallë urgjencash

die Krankenschwester

infermiere

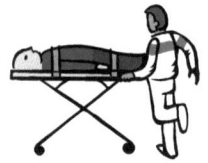

der Notfall

emergjencë

ohnmächtig

i pandërgjegjshëm

der Schmerz

dhimbje

die Verletzung

dëmtim

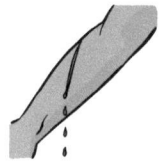

die Blutung

gjakosje

der Herzinfarkt

infarkt

der Schlaganfall

goditje

die Allergie

alergji

der Husten

kolla

das Fieber

ethe

die Grippe

grip

der Durchfall

diarre

die Kopfschmerzen

dhimbje koke

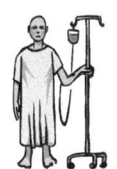

der Krebs

kancer

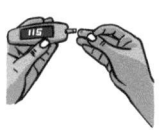

die Diabetis

diabet

der Chirurg

kirurg

das Skalpell

bisturi

die Operation

operacion

das CT

CT (skaner)

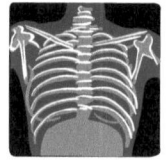

das Röntgen

radiografi

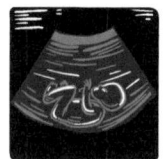

das Ultraschall

ultratingull

die Maske

maskë fytyre

die Krankheit

sëmundje

das Wartezimmer

dhomë pritjeje

die Krücke

paterica

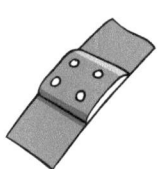

das Pflaster

leukoplast

der Verband

fasho

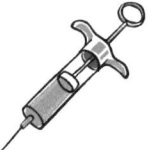

die Injektion

injeksion

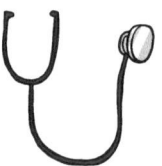

das Stethoskop

stetoskop

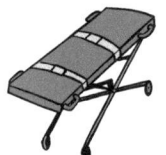

die Trage

barelë

das Thermometer

termometër

die Geburt

lindje

das Übergewicht

mbipeshë

das Krankenhaus - spital

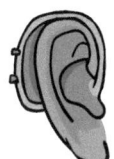

das Hörgerät

aparat dëgjimi

das Desinfektionsmittel

dezinfektant

die Infektion

infeksion

das Virus

virus

das HIV / AIDS

HIV / AIDS

die Medizin

mjekësi, mjekim

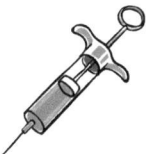

die Impfung

vaksinim

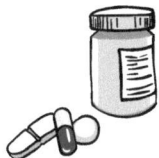

die Tabletten

tableta

die Pille

pilulë

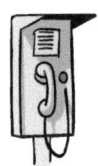

der Notruf

telefonatë emergjence

das Blutdruck-Messgerät

aparat tensioni

krank / gesund

i sëmurë / i shëndetshëm

Hilfe!

Ndihmë!

der Alarm

alarm

der Überfall

sulm

der Angriff

atak

die Gefahr

rrezik

der Notausgang

dalje emergjence

Feuer!

Zjarr!

der Feuerlöscher

fikëse zjarri

der Unfall

aksident

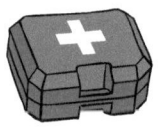

der Erste-Hilfe-Koffer

kuti e ndimës së shpejtë

SOS

SOS

die Polizei

policia

das Europa

Europa

das Nordamerika

Amerika e Veriut

das Südamerika

Amerika e Jugut

das Afrika

Afrika

das Asien

Azia

das Australien

Australia

der Atlantik

Atlantiku

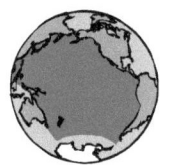

der Pazifik

Paqësori

der Indische Ozean

Oqeani Indian

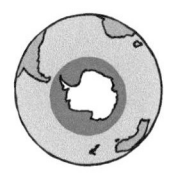

der Antarktische Ozean

Oqeani Antarktik

der Arktische Ozean

Oqeani Arktik

der Nordpol

Poli i veriut

der Südpol

Poli i Jugut

die Antarktis

Antarktida

die Erde

toka

das Land

tokë

das Meer

det

die Insel

ishull

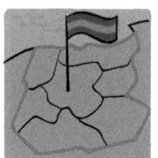

die Nation

komb

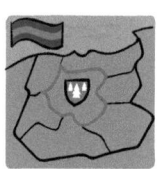

der Staat

shtet

das Zifferblatt

fusha e orës

der Stundenzeiger

akrepi i orës

der Minutenzeiger

akrepi i minutave

der Sekundenzeiger

akrepi i sekondave

Wie spät ist es?

Sa është ora?

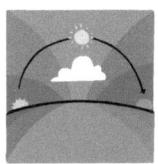

der Tag

ditë

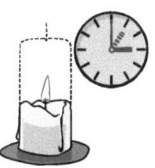

die Zeit

kohë

jetzt

tani

die Digitaluhr

orë dixhitale

die Minute

minutë

die Stunde

orë

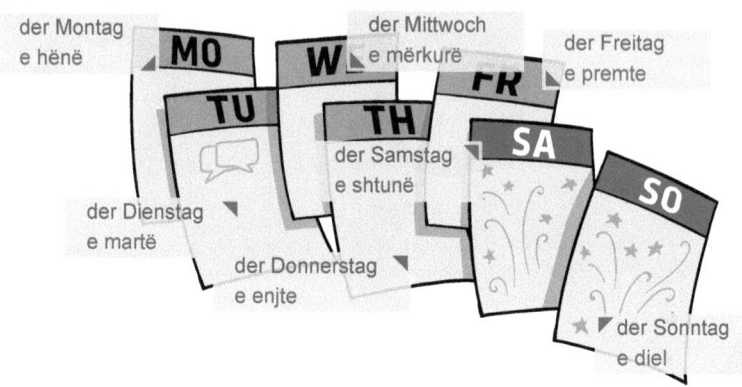

der Montag
e hënë

der Mittwoch
e mërkurë

der Freitag
e premte

der Dienstag
e martë

der Samstag
e shtunë

der Donnerstag
e enjte

der Sonntag
e diel

gestern

dje

heute

sot

morgen

nesër

der Morgen

mëngjes

der Mittag

mesditë

der Abend

mbrëmje

MO	TU	WE	TH	FR	SA	SU
1	2	3	4	5	6	7
8	9	10	11	12	13	14
15	16	17	18	19	20	21
22	23	24	25	26	27	28
29	30	31	1	2	3	4

die Arbeitstage

ditë pune

MO	TU	WE	TH	FR	SA	SU
1	2	3	4	5	6	7
8	9	10	11	12	13	14
15	16	17	18	19	20	21
22	23	24	25	26	27	28
29	30	31	1	2	3	4

das Wochenende

fundjavë

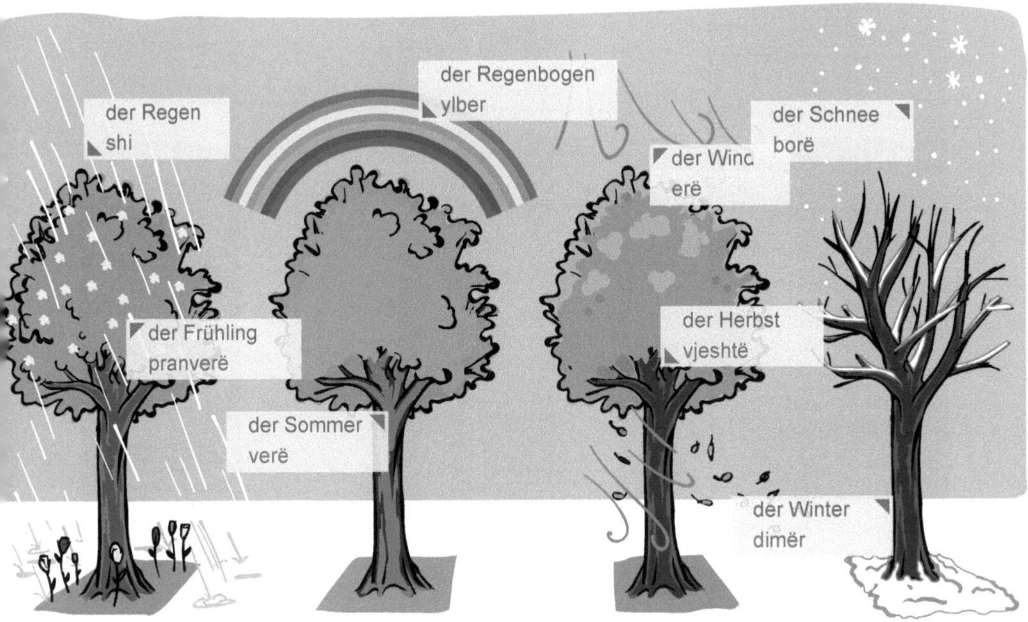

der Regen
shi
der Regenbogen
ylber
der Schnee
borë
der Wind
erë
der Frühling
pranverë
der Herbst
vjeshtë
der Sommer
verë
der Winter
dimër

4.APRIL 11°
5.APRIL 4°
6.APRIL 13°
7.APRIL 8°
8.APRIL 10°

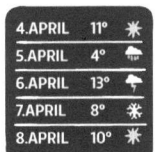

die Wettervorhersage

parashikimi i motit

F
C
120
90
60
30
0
-30
40
30
20
10
0
-10
-20

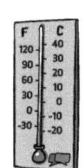

das Thermometer

termometër

der Sonnenschein

ndriçim dielli

die Wolke

re

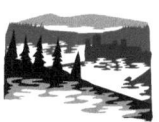

der Nebel

mjegull

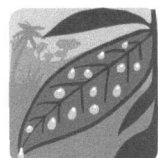

die Luftfeuchtigkeit

lagështi

der Blitz

vetëtima

der Donner

gjëmim

der Sturm

stuhi

der Hagel

breshër

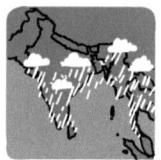

der Monsun

muson

die Flut

përmbytje

das Eis

akull

der Januar

janar

der Februar

shkurt

der März

mars

der April

prill

der Mai

maj

der Juni

qershor

der Juli

korrik

der August

gusht

der September
....
shtator

der Oktober
....
tetor

der November
....
nëntor

der Dezember
....
dhjetor

der Kreis
....
rreth

das Quadrat
....
katror

das Rechteck
....
drejtkëndësh

das Dreieck
....
trekëndësh

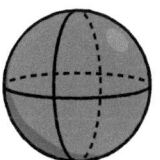

die Kugel
....
sferë

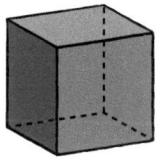

der Würfel
....
kub

weiß

e bardhë

gelb

e verdhë

orange

portokalli

pink

rozë

rot

e kuqe

lila

vjollcë

blau

blu

grün

e gjelbër

braun

kafe

grau

gri

schwarz

e zezë

viel / wenig
....
shumë / pak

wütend / friedlich
....
i nevrikosur / i qetë

hübsch / hässlich
....
i bukur / i shëmtuar

der Anfang / das Ende
....
fillim / fund

groß / klein
....
i madh / i vogël

hell / dunkel
....
i ndritshëm / i errët

der Bruder / die Schwester
....
vëlla / motër

sauber / schmutzig
....
e pastër / e pistë

vollständig / unvollständig
....
e plotë / jo e plotë

der Tag / die Nacht
....
ditë / natë

tot / lebendig
....
gjallë / vdekur

breit / schmal
....
i gjerë / i ngushtë

genießbar / ungenießbar

i ngrënshëm / i pangrënshëm

böse / freundlich

i keq / i këndshëm

aufgeregt / gelangweilt

i lumtur / i mërzitur

dick / dünn

i shëndoshë / i dobët

zuerst / zuletzt

e para / e fundit

der Freund / der Feind

mik / armik

voll / leer

plot / bosh

hart / weich

e fortë / e butë

schwer / leicht

e rëndë / e lehtë

der Hunger / der Durst

uri / etje

krank / gesund

i sëmurë / i shëndetshëm

illegal / legal

e paligjshme / e ligjshme

intelligent / dumm

i zgjuar / budalla

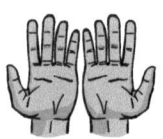

links / rechts

majtas / djathtas

nah / fern

afër / larg

neu / gebraucht

e re / e përdorur

nichts / etwas

asgjë / diçka

alt / jung

i moshuar / i ri

an / aus

ndezur / fikur

offen / geschlossen

hapur / mbyllur

leise / laut

i qetë / i zhurmshëm

reich / arm

i pasur / i varfër

richtig / falsch

e drejtë / e gabuar

rau / glatt

i ashpër / i butë

traurig / glücklich

i mërzitur / i lumtur

kurz / lang

i shkurtër / i gjatë

langsam / schnell

ngadalë / shpejt

nass / trocken

i lagësht / i thatë

warm / kühl

ngrohtë / freskët

der Krieg / der Frieden

luftë / paqe

0	**1**	**2**
null	eins	zwei
zero	një	dy

3	**4**	**5**
drei	vier	fünf
tre	katër	pesë

6	**7**	**8**
sechs	sieben	acht
gjashtë	shtatë	tetë

9	**10**	**11**
neun	zehn	elf
nentë	dhjetë	njëmbëdhjetë

12

zwölf

dymbëdhjetë

13

dreizehn

trembëdhjetë

14

vierzehn

katërmbëdhjetë

15

fünfzehn

pesëmbëdhjetë

16

sechzehn

gjashtëmbëdhjetë

17

siebzehn

shtatëmbëdhjetë

18

achtzehn

tetëmbëdhjetë

19

neunzehn

nentëmbëdhjetë

20

zwanzig

njëzetë

100

hundert

qind

1.000

tausend

mijë

1.000.000

million

milion

gjuhët

Englisch

anglisht

Amerikanisches Englisch

anglishte amerikane

Chinesisch Mandarin

kinezisht mandarin

Hindi

hindi

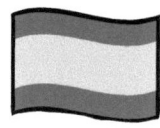

Spanisch

spanjisht

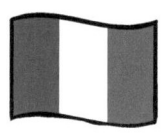

Französisch

frëngjisht

Arabisch

arabisht

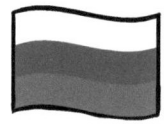

Russisch

rusisht

Portugiesisch

portugalisht

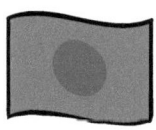

Bengalisch

bengalisht

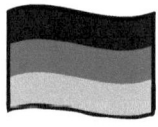

Deutsch

gjermanisht

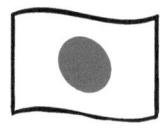

Japanisch

japonisht

ich
unë

du
ti

er / sie / es
ai / ajo

wir
ne

ihr
ju

sie
ata

wer?
kush?

was?
çfarë?

wie?
si?

wo?
ku?

wann?
kur?

Name
emër

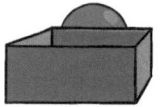

hinter
·············
pas

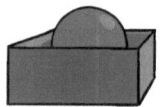

in
·············
në

vor
·············
përballë

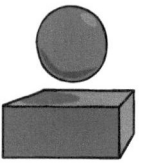

über
·············
sipër

auf
·············
mbi

unter
·············
poshtë

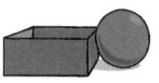

neben
·············
pranë

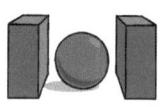

zwischen
·············
midis

der Ort
·············
vend